Dorothea Westhofen-Kunz

AF191883

Sterne
des Himmels
als
Boten
der Liebe

Band 1

In tiefer Verbundenheit
mit meinen Freunden
in der sichtbaren und unsichtbaren Welt

Bibliografische Information
der Deutschen Nationalbibliothek

Die Deutsche Nationalbibliothek verzeichnet
diese Publikation in der Deutschen Nationalbibliografie;
detaillierte bibliografische Daten
sind im Internet über dnb.d-nb.de abrufbar.

Herstellung und Verlag:

Books on Demand GmbH, Norderstedt

Copyright © Dorothea Westhofen-Kunz, 2011
Erste Auflage 2011
ISBN 9783842378940
Gedruckt in Deutschland

Inhalt

Vorwort

Dieses Buch ist allen gewidmet, die in Gottes Auftrag Licht in die Welt bringen und der Liebe Gottes entgegen streben.

Wir sollen *Sterne des Himmels* genannt sein. So wie die Sterne am Himmel leuchten, strahlen wir durch die Liebe Gottes und leuchten in der Finsternis für alle Menschen, die sich hilfesuchend dem Licht zuwenden.

> *Wenn es Dir möglich ist, einer einzigen*
> *im Dunkel irrenden Seele ein Licht zu entzünden,...*
> *dann hast Du nicht vergebens gelebt.*
>
> *(Jack London)*

Wir sind den Menschen von Gott geschickt, damit sie lernen, sich gegenseitig zu helfen und Mitmenschlichkeit walten zu lassen. Es ist unsere Aufgabe, die Menschen *in die Liebe Gottes* zu begleiten, ihre Herzen müssen sich in Liebe begegnen.

Bei den Menschen herrscht ein Mangel an geistiger Führung, deshalb sollen wir die Augen offen halten und uns engagieren. Dabei dürfen wir nicht zu bescheiden und zurückhaltend sein, sondern müssen mit leuchtendem Beispiel und Mut vorangehen. Wir sind mit Bestimmtheit

und unendlicher Geduld für andere da, müssen in Liebe
beharrlich aber manchmal auch unangenehm sein.

Es ist eine Gnade, als Sterne des Himmels
wirken zu dürfen.

Wir vertrauen unser Leben vollständig Gott an und
sind dazu aufgefordert, uns eindeutig in der Liebe Gottes
zu positionieren. Dabei müssen wir unseren Wirkungsbereich immer hinterfragen. Bezüglich unserer Einzigartigkeit
und Stellung im Universum sollen wir uns unauffällig
verhalten, hier ist Understatement gefordert.

Konzentriere Dich auf die Aufgabe und
arbeite an Dir selbst!

Innere Offenheit ist gefordert, dies ist das oberste Ziel,
damit wir die Aufgabe bewältigen können. Es gibt keine
andere Möglichkeit wie die Umkehr und Neugeburt aus
Gottes Geist gemäß Lukasevangelium, 17, 19:

Dein Glaube rettet Dich!

Wie leicht ist dies gesagt: ‚Dein Glaube rettet Dich'.
Doch sind wir uns der Tragweite dieser Aussage bereits
richtig bewusst? Das folgende Beispiel soll uns hier mehr
Klarheit verschaffen.

Meine Freundin J. war mit ihren beiden Kindern bei uns zu Besuch, wir tranken Kaffee auf unserer Terrasse. Die vierjährige Tochter tollte mit unserem Sohn im Garten, der sich eine Etage tiefer befindet: der 18 Monate alte Sohn spielte um uns herum. Plötzlich hörten wir den kleinen Jungen jämmerlich weinen und sprangen alle erschrocken auf. Mit Entsetzen sahen wir, dass er durch ein bisher unentdecktes Loch im Terrassengitter vier Meter tief in den Garten gestürzt war und dort auf dem Rasen lag. Ich nahm das Kind zu mir, rief meinen Mann und legte den Jungen in den Raum auf das Sofa, in dem ich mich normalerweise mit der Arbeit als Stern des Himmels beschäftige. Mein Mann untersuchte ihn auf Knochenbrüche und ich wandte mich mit der Frage an meine Freundin, ob sie glaube. Zuerst druckste sie herum, straffte aber plötzlich ihre Schultern, blickte mir fest in die Augen und sagte: 'Ja, ich glaube'. Erst jetzt war es mir erlaubt, um Heilung für ihren Sohn zu bitten. Zur Beruhigung versorgten wir sie noch mit einer Tasse Tee und nach einer Stunde ging sie mit ihren Kindern nach Hause. Ein Anruf meinerseits am nächsten Morgen bestätigte mir, was ich schon wusste: der Sohn hatte den Sturz unbeschadet überlebt.

Was bedeutet es Bote der Liebe zu sein?

Bote der Liebe zu sein ist ein Teil des vielfältigen Wirkens der Sterne des Himmels.

Manchmal ist unser Wirken mit der Arbeit eines Engels zu vergleichen, ein anderes Mal scheinen wir wie Kristalle in blindem Gestein zu sein, die Klarheit und Reinheit bringen. Oder aber wir treten mit revolutionärem Kampfgeist als Hüter und Beschützer von Gottes Liebe und Schöpfung auf.

Wir senden Liebe.

Sterne des Himmels sind Helfer Gottes; wir leben vollkommen in seiner Liebe und führen seine Aufträge aus. Uns sollten alle Emotionen außer der Liebe fremd sein. Gott steht immer in unserem Mittelpunkt.

Der wahre Sinn des Lebens ist die Erhöhung der Seelen.

Es ist unser Auftrag, mit unerschütterlicher Zuversicht die Energie hoch und positiv zu halten. Wir befreien die Menschen von ihren Emotionen und führen die Seelen der Menschen zurück in die Liebe Gottes.

Wir geben den Menschen den Glauben an Gott zurück und leisten Hilfe zur Selbsthilfe.

Unserem Wirken übergeordnet
ist der freie Wille des Menschen.

Jeder Mensch entscheidet selbst, ob er diesen unerschöpflichen Segen in Anspruch nimmt, denn er steht allen Menschen zu, die sich Hilfe suchend an uns wenden. Wir sind Zuflucht und Rettung für die Menschen. Wir dürfen niemanden außen vorlassen und geben niemanden auf.

Es ist eine Gnade,
als Sterne des Himmels wirken zu dürfen.

Wir arbeiten unter dem absoluten Segen Gottes. Dabei müssen wir uns jedoch immer gewiss sein, dass dieser weder kontrollier- noch vorhersehbar ist. Wir setzen uns für die Botschaft der Liebe ein. Es steht uns nicht zu, über andere Menschen zu urteilen.

Prioritäten als Stern des Himmels

Wir zeigen als Sterne des Himmels vollen Einsatz in unserem Wirken. Wir sind bereit, dafür unser inneres und äußeres Leben vollständig zu verändern, bis die Botschaft der Liebe vollkommen in unser normales Leben integriert ist.

Trotzdem kann es bei uns immer wieder vorkommen, dass scheinbar widersprüchliche Interessen im Wettstreit liegen. Deshalb ist es sehr wichtig, unser Ziel nie aus den Augen zu verlieren.

Fast jeder von uns kennt die folgende Situation: Für eine Arbeitsbesprechung am nächsten Tag sind noch Unterlagen durchzuarbeiten, gleichzeitig ist man aber bei Freunden zum Essen eingeladen und am selben Abend findet Sterne des Himmels Arbeitskreis statt und nun wird auch noch ein Kind krank oder ein anderes enges Familienmitglied benötigt dringend unsere Hilfe.

Die folgende Liste dient uns als Leitfaden, um unsere Prioritäten in solchen Konfliktsituationen richtig zu setzen:

- Über allem steht Gott, die Würdigung seiner allumfassenden Gegenwart und Liebe zu uns sowie unser Vertrauen zu ihm.

- Die eigene Familie ersten Grades folgt als nächstes. Erst wenn wir Integrität in der eigenen Familie leben und das Kräfteverhältnis in der Familie wiederhergestellt ist, dürfen wir uns als Boten der Liebe anderen Bereichen zuwenden.

- Darauf folgt das Wirken als Sterne des Himmels.

- Irdische Arbeit und Freunde stehen an nächster Stelle.

- Andere Menschen wie Nachbarn, Bekannte und Kollegen haben die geringste Priorität.

Trotzdem wird immer wieder darauf hingewiesen, dass wir weiterhin unserer normalen Arbeit nachgehen sollen. Als Beispiel kann der Apostel Paulus dienen, der als Zeltmacher tätig war (siehe Apostelgeschichte, 18, 3).

Lösen wir nun das Problem aus dem vorherigen Beispiel mithilfe dieser Liste, kümmern wir uns an dem Abend um das Kind oder Familienmitglied und lassen das Abendessen, die Sterne des Himmels und die Unterlagen links liegen.

Wir haben immer genug Zeit!

Allgemein gilt aber, dass wir immer genug Zeit als Stern des Himmels haben. Uns wird der Rücken freigehalten und alle Hindernisse werden aus dem Weg geschafft.

Trotzdem kann sich von Zeit zu Zeit bei uns immer wieder ein Gefühl der Überforderung einstellen; insbesondere, wenn Lebensbereiche und Personen, die uns besonders am Herzen liegen und denen wir uns besonders verpflichtet fühlen, unsere ganze Aufmerksamkeit beanspruchen.

Hierbei ist ganz klar zu unterscheiden, ob uns eine Auszeit als Stern des Himmels verordnet wird, damit wir uns wieder regenerieren können, oder ob die Umstände bewusst herbeigeführt wurden, um ein Loslassen und eine Befreiung von irdischen Umständen zu bewirken.

Im letzteren Fall liegt es in unseren Händen, inwieweit wir uns in dem entsprechenden Bereich engagieren und vereinnahmen lassen. Gerade hier bietet die Kommunikation über die *Innere Brücke* (siehe Kapitel „Die Innere Brücke und das richtige Hinhören") eine wertvolle Entscheidungshilfe.

Wir stellen dann immer wieder fest, dass unsere irdischen Aufgaben bei weitem nicht die Wichtigkeit haben, wie wir glauben.

Stellt sich das Gefühl der Überforderung im Hinblick auf das Wirken als Stern des Himmels ein, dürfen wir auch hier über die Innere Brücke herausfinden, ob wir uns auf dem richtigen Weg befinden.

Unsere vorgenannte Problemsituation könnte auch anders gelöst werden, je nachdem welche Informationen wir von den Geistigen Freunden hierzu erhalten. Es besteht die Möglichkeit, dass das Kind oder Familienmitglied von jemand anderem versorgt wird und wir uns unseren Arbeitsunterlagen widmen oder an dem Arbeitskreis teilnehmen oder das Essen mit den Freunden genießen sollen.

Alle vorgenannten Fälle zeigen uns, dass wir unsere Möglichkeiten in der Verbindung mit Gott nicht genug ausschöpfen und viel mehr Entscheidungshilfen bekommen könnten.

Integrieren wir die Kommunikation mit Gott mehr in unser Leben, finden wir uns selbst.

Wir erhalten eine neue Wahrnehmung, und es wird uns an nichts mangeln, wenn wir Gottes Willen tun und seiner uns gestellten Aufgabe als Stern des Himmels folgen.

Darüber hinaus sollen wir mit möglichst vielen Menschen in Kontakt treten, damit Gottes Schatten auf diese falle (gemäß Apostelgeschichte, 5, 15). Dies bedeutet, dass wir uns nur dann unter vielen, uns unbekannten Menschen aufhalten sollen, sofern wir ausdrücklich von den Geistigen Freunden dazu aufgefordert werden, wie zum Beispiel die Teilnahme an Veranstaltungen oder der Besuch öffentlicher Plätze.

Die Innere Brücke und das richtige Hinhören

Johannesevangelium, 1, 1:

„Im Anfang war das Wort, und das Wort war bei Gott, und das Wort war Gott."

Als Sterne des Himmels erhalten wir wunderbare Rückendeckung, indem wir in uns hinein horchen und auf die Worte der göttlichen Führung hören. Wenn unsere Seelen bei Gott zuhause sind, kommen wir in unserem Leben mit allem klar.

Jeder praktizierende Gläubige ist mit der Methode des Betens oft schon aus der Kindheit vertraut. Mithilfe des Gebetes wenden wir uns meist Hilfe suchend an Gott und bitten um Beistand oder Rat. Nur wenigen Menschen ist es gegeben, darüber hinaus Antworten und Botschaften direkt zu empfangen.

Den Sternen des Himmels steht über das Beten hinaus eine wichtige Kommunikationsmethode zur Verfügung, wir nennen sie die „Innere Brücke". Bei der Inneren Brücke kommunizieren wir über eine psycho-kinesiologische Methode mit unseren Geistigen Freunden. Dabei erfolgt die Kommunikation nach beiden Seiten. Zuerst werden über die Innere Brücke Worte der

Begleitung, der Ermahnung und Aufforderung, der Aufmunterung und des Trosts sowie Hinweise und Informationen an die Sterne des Himmels übermittelt. Im Anschluss erhalten wir als Sterne des Himmels wiederum die Erlaubnis, über die Innere Brücke Bitten zu äußern und Fragen zu stellen.

Der erste und wichtigste Schritt besteht für uns darin, *das richtige Hinhören* mit Hilfe der Methode der Inneren Brücke zu erlernen. Dies kann nur in Seminaren erfolgen, die von Personen geleitet werden, die mit dieser Methode vertraut sind. Die Innere Brücke wird seminarbegleitend in Band 2 (Arbeitsbuch) detailliert beschrieben.

Wir wissen immer einen Rat.

Die Hilfe der Geistigen Freunde ist im Überfluss für uns vorhanden. Wir sollen sie mehr nutzen und handeln, wie es uns vorbestimmt ist. Mit der richtigen Anbindung erhalten wir freien Handlungsspielraum im Wirken und wissen immer, wo es langgeht.

Arbeit als Stern des Himmels für jeden?

Sterne des Himmels werden erwählt.

Wir werden in unserem Leben mehrfach dazu aufgefordert, dem Ruf als Stern des Himmels zu folgen und als Bote der Liebe zu wirken. Entscheiden wir uns, diese Aufforderung anzunehmen und diesen Weg zu gehen, zeigt sich unsere Zugehörigkeit zu den Sternen des Himmels darin, dass wir als Bote der Liebe in unserem Leben Erfüllung finden und mit ihr am Ziel unserer Wünsche sind.

Ich selbst hatte mein Leben lang nach meinen Wurzeln und dem Sinn meines Lebens gesucht. Dies führte mich als junge Erwachsene für einige Zeit in ein Kloster, um herauszufinden, ob ich Nonne werden möchte. In den darauf folgenden Jahren beschäftigte ich mich intensiv mit den Weltreligionen und verschiedenen spirituellen und esoterischen Glaubenssystemen. Erst als ich mit Menschen in Kontakt kam, die mir die Innere Brücke und ihren Wirkungsbereich näher brachten, wusste ich, dass ich meine Bestimmung gefunden hatte. Ich bin heute darüber sehr dankbar, dass ich die Arbeit als Stern des Himmels entdecken durfte und vermitteln darf.

Sterne des Himmels erlauben, sich von den Geistigen Freunden in ihrem Leben führen zu lassen. Wir lassen zu, dass unsere alten Denk- und Verhaltensmuster aufgelöst werden. Damit lösen wir uns von jeder anderen Fremdbestimmung und hören mit Unterstützung der Geistigen Freunde nur noch auf uns selbst.

Darüber hinaus werden wir im Innern weitgreifend verändert, damit Gott uns mit unserem Handeln in Anspruch nehmen kann und wir in die Lage versetzt werden, zu heilen. Alle unseren Fähigkeiten und Möglichkeiten werden erschlossen, damit wir Gott zur Verfügung stehen können.

Wir erfahren eine komplette Veränderung, eine Auswechslung unseres Selbst, siehe Brief an die Philipper, 3, 7:

„Doch was mir damals ein Gewinn war, das habe ich um Christi Willen als Verlust erkannt."

Dieser Prozess kann langwierig und schmerzhaft sein. Wir werden auf Biegen und Brechen auf unsere Standfestigkeit geprüft, um die Spreu vom Weizen zu trennen.

Doch wir sollen den Wandel geschehen lassen und volles Risiko eingehen, damit unser Leben angenehm und wunderbar wird.

Wir werden Schritt für Schritt von belastenden Emotionen befreit, bis unser Bewusstsein dahingehend geändert ist, dass wir voll mit Gottes Liebe sind und auf diese Weise wunderbar auf andere Menschen zu- und eingehen können.

Neben der Bereitschaft, sich ganz auf Gott einzulassen, zeichnen drei weitere Charaktereigenschaften die Sterne des Himmels aus:

Ein fester Glaube,
Ein hohes Maß an Integrität,
Standfestigkeit in den Stürmen des Lebens.

Es ist sehr wichtig zu wissen, dass wir den Weg der Befreiung und Erkenntnis nicht alleine gehen. Bei der Inneren Brücke stehen uns unsere Geistigen Freunde zur Seite.

Zur Begleitung im täglichen Leben bietet die Autorin ihre Hilfe beim Erlernen der Kommunikation mit den Geistigen Freunden über die Methode der Inneren Brücke in Form von Seminaren und Gesprächskreisen (siehe Impressum) an.

Der Zeitbegriff in der Arbeit als Bote der Liebe

Oftmals ist unser Wunsch übermächtig über die Innere Brücke zeitgenaue Prognosen zu erhalten. Den Geistigen Freunden ist der uns Menschen bekannte Zeitbegriff jedoch fremd. Deshalb ist es schwierig, nahezu unmöglich, verlässliche Zeitangaben zu erhalten.

Abgrenzung der Arbeit als Bote der Liebe zu anderen Praktiken

Eine klare Abgrenzung der Arbeit als Bote der Liebe zu verschiedenen esoterischen Praktiken erscheint uns unerlässlich. Um den richtigen Weg in der Arbeit als Stern des Himmels zu finden, müssen wir jede neue Praktik und Methode, auf die wir aufmerksam gemacht werden, auf ihre Verwendbarkeit prüfen.

Manche Methoden aus den Bereichen der Magie, des PSI-Okkultismus, des Spiritismus und des Wahrsagens dürfen nie benutzt werden.

Um unsere Arbeit als Sterne des Himmels zu erleichtern dürfen wir jedoch von Zeit zu Zeit Praktiken zur näheren Beschreibung eines Sachverhaltes oder einer Situation heranziehen. Dies wird uns von den Geistigen Freunden aber explizit mitgeteilt.

Aber im Gegensatz zu allen esoterischen Methoden erhalten wir als Bote der Liebe Hilfestellung im täglichen Leben und können Emotionen auflösen und Problemsituationen klären.

Viele Menschen möchten gerne etwas über ihre Zukunft erfahren. Einige von ihnen sind aber bereits abhängig und nehmen in kürzesten Abständen die Hilfe von Astrologen, Kartenlegern oder andere Praktiken zur Deutung ihrer Probleme und Fragen zum selben Sachverhalt in Anspruch. Vor allem, wenn ihnen eine herausfordernde oder gar schwierige Zeit vorausgesagt wurde, hoffen sie, durch wiederholte Nachfragen bei verschiedenen Astrologen oder Kartenlegern eine für sie akzeptable Aussage zu erhalten, die ihre Zukunft ändern könnte. Dahinter steht nicht nur Neugierde sondern vielmehr nicht eingestandene Lebensangst.

Haben wir es mit einer solchen Person zu tun, könnten wir mithilfe der Astrologie oder der Karten den Sachverhalt aufdecken und beschreiben. Wir hätten genauso gut die Innere Brücke zur Darstellung der Situation benutzen können.

Nun kommt unser Wirken als Sterne des Himmels zum Tragen, wir dürfen in einem solchen Fall um die Heilung der betreffenden Person bitten. Ihr werden also die belastenden Emotionen genommen, die sie zum Beispiel in die Abhängigkeit von Astrologie und Kartenlegen geführt haben.

Unsere Geistigen Freunde

Geistige Freunde stehen den Sternen des Himmels zur Seite und begleiten diese entsprechend der zu bewältigenden Aufgaben und zu bearbeitenden Themen.

Die Liste der Geistigen Freunde unterscheidet sich je nach Land, Kulturkreis und zugrunde liegendem Glaubenssystem und kann entsprechend erweitert werden.

Die Liste selbst ist im Arbeitsbuch enthalten, mit ihr wird in den Seminaren gearbeitet.

Begleitende Worte

Da die Arbeit als Stern des Himmels und der Einsatz als Bote der Liebe manchmal sehr herausfordernd ist, enthält dieses Buch Worte der Begleitung, der Aufmunterung und des Trostes sowie der Ermahnung – zum Nachschlagen und zur Inspiration.

„Denn die Menschen kehren nicht um. Sie hören nicht auf, einander umzubringen, sich mit okkulten Dingen zu beschäftigen, Unzucht zu treiben und einander zu bestehlen" (siehe Offenbarung des Johannes, 9, 27).

Vor diesem Hintergrund ist unser Wirken als Sterne des Himmels besonders wichtig.

Spring über Deinen eigenen Schatten!

Denke positive Gedanken, führe positive Gespräche, vollbringe positive Taten und umgib Dich mit positiven Menschen.

Verzeihe allen anderen, die nicht so sind, denn sie können nicht anders.

Ihr
seid
Menschen-
fischer

Wir
dürfen
alles
wissen

Wir
haben Zugang
zu den größten
Geheimnissen

*Halte Dich immer
an die Kernaussage
der Huna-Lehre:
Nie verletzen,
immer helfen*

Deine Kraft
muss unter
Verschluss
gehalten werden

Bleibe von
Logengemeinschaften
und
Geheimbünden fern

Vollbringe
das
Werk Jesu

Gib
wahres Zeugnis ab
vom Wirken
Gottes

Deine Psyche
soll werden
wie
eine ruhige See

Für
die rechte Tat
ist immer
die richtige Zeit

*Es wird
eine Zeit kommen,
in der nichts übrig
bleiben wird*

*Du sollst
aus ganzem Herzen
mit rosaroter Brille
und kindlicher
Unbekümmertheit
wirken*

Freut Euch
im
Herrn
alle Zeit

Lebe
im Fluss
des
Lebens

Der
Herr
ist nahe

Worte der göttlichen Führung

Höre auf, die Fäden ziehen zu wollen. Erfülle nur Gottes Wille und erkenne die Führung an. Du wirst selbstbewusst und sicher sein, wenn Du es zulässt.

Hänge nicht zu sehr an Deinem freien Willen, spiele keine manipulativen Spiele.

Die unvoreingenommene Annahme der Aufträge ist gefordert.

Denn... jetzt herrscht Er unsichtbar im Himmel, aber die Zeit wird kommen, in der alles neu wird. Davon hat Gott schon immer durch seine Propheten gesprochen (gemäß Apostelgeschichte, 3, 21).

Lass
Dich führen
jeden Tag
in besonderer Weise

Du wirst
nie wieder Hunger oder Durst leiden;
keine Sonnenglut
oder sonst etwas
wird Dich
jemals wieder quälen

Der Himmel
auf
Erden
ist möglich

Du sollst
alle Menschen annehmen,
denn vor Gott
sind alle Menschen
gleich

Deine
irdische Fröhlichkeit
wird der Freude
der Erleuchtung
weichen

*Vergib
den Menschen,
wenn sie Dich
unhöflich
behandeln*

Vergib
den Menschen,
damit eröffnest Du
ihnen den Zugang
zu Gott

Sei ein
Freiheitskämpfer
für die Sache
Gottes

Krankenheilungen
und Wunder
werden
geschehen

Sei
innovativ
im
Denken

So
wie Du denkst,
wird
es geschehen

Sorge
Dich nicht
um
morgen

Lasse zu, dass alte
Denk- und Verhaltensmuster
gehen und
nimm Abschied
von ihnen

Du musst
von Neuem
geboren
werden

Gott
wirkt an Dir
und
durch Dich

*Achte
immer auf
Dein Ziel:
die Liebe*

Es gibt
keine größere Liebe,
als sein Leben
für seine Freunde
zu geben

Verlasse
Dein altes Leben
und
folge mir nach

Worte der Ermahnung

Denke immer daran, dass die Gaben und die Talente, die Du von Gott erhalten hast, Dir jederzeit wieder genommen werden können.

Der Tag des Gerichts ist gekommen.

Danke
dem Herrn
täglich für
Deine Gabe

Verkünde
Gottes
Kommen

Riskiere
nicht Deinen Kopf,
um das Negative
in Positives
zu wandeln

*Setze
Impulse
und lasse
geschehen*

Die
spirituelle Arbeit
steht
im Mittelpunkt

Öffentliche
Pflichtveranstaltungen
müssen
gemieden werden

Setze Deine Energie
ohne eigene Wertung ein,
nur nach
dem Willen
der geistigen Führung

Lebe bewusst
in der
Liebe Gottes

Die
Liebe Gottes
ist der
Dreh- und
Angelpunkt

Sei
in unendlicher Geduld
für andere
da

Wenn es sein muss,
bleibe mit Bestimmtheit
und in Liebe
unangenehm

Lass alles los,
was Dich festhält,
nur so kann
Dein Leben einen
neuen Kurs gehen

Halte Deine Energie
immer hoch
und positiv
und sende Liebe

Du bist hier
als Werkzeug
Gottes
für die Bedürftigen

Trage Deine Ehe,
Kinder und
Familie
auf Händen

Bildet
eine Einheit
und sammelt
alle Kräfte

Arbeite
nur mit
Liebe

Liebe
Deinen
Nächsten

Es ist notwendig,
dass Du
ausharrst
und stillhältst

Zeige
Rückgrat
und sei
unbestechlich

Verneige
Dich
vor
Gottes Größe

Beziehe
klar Stellung
zur
Sache Gottes

Bitte,
und es wird
Dir gegeben
werden

Strebe
immer der
Liebe Gottes
entgegen

*Sei stark
im Glauben und
vertritt Deinen
Standpunkt*

Erwarte
allzeit
das
Ersehnte

Lass
Gott walten
und höre auf
zu kontrollieren

*Gott wird
es jedem Menschen vergelten,
wie es seine
Taten verdienen*

Erkenne
die Einzigartigkeit
jedes
Menschen

Zeige
Rückgrat
und
lasse geschehen

Worte der Aufmunterung

Wir erfahren jegliche Unterstützung, denn die Hoffnung lässt nichts zugrunde gehen.

Die Liebe Gottes ist ausgegossen in unsere Herzen durch den Heiligen Geist (siehe Paulus, 5,5).

Und gemäß der Offenbarung des Johannes ist uns der Sieg gewiss, denn „wer durchhält und das Böse besiegt, wird mit mir auf meinem Thron sitzen, sowie auch ich mich als Sieger auf den Thron meines Vaters gesetzt habe".

(Offenbarung des Johannes, 3,21)

Du
bist das Licht
und
die Liebe

*Bleibe
wachsam und
stehe fest
im Glauben*

Sei nicht zaghaft,
sondern
entschlossen
und stark

Du
darfst
auf ein besseres
Leben hoffen

Deine
Gedanken werden
wie Wünsche
erfüllt

Deine
Beharrlichkeit im
Glauben zahlt
sich aus

Du
wirst für
Dein Vertrauen
vielfältig belohnt

Du
bist eine Gabe
Gottes für die
Menschen

*Deine
Entscheidungsfähigkeit
wird
gestärkt*

Richte
Dich nicht
an anderen
aus

Du
wirst von Gott
zum einzigen Ziel,
der Liebe, geführt

Nur
von Gott
kommt
Lebenskraft

*Du
wirst von Gott
für Deinen
Einsatz belohnt*

Du
wirst vielfältig belohnt,
wenn Du Gottes
Weg gehst

Worte des Trostes

Ihr seid leuchtende Beispiele für Integrität, Gerad-linigkeit, Ehrlichkeit, Vertrauen und Reinheit im Denken und im Glauben.

Gott ist
Dein Gefährte
auf all
Deinen Wegen

Alle,
die zu Gott gehören
und ihm dienen,
werden
sein Siegel erhalten

Als Engel
ist Deine
Sensitivität
selbstverständlich

Gottes
Barmherzigkeit und Liebe
sind wirklich
zu uns gekommen

Alle
Geheimnisse
werden
bekannt

Deine
mentale Stärke
wird sich
lohnen

*Friede
sei
mit diesem
Haus*

Du
stehst
unter höchstem
Schutz

Sei der Welt, so gut Du kannst,
ein Engel.
Dann wird sie Dir, so gut sie kann,
der Himmel sein.

Literaturverzeichnis

Prof. Dr. Günter Stemberger, Sr. Dr. Mirjam Prager OSB:
„Die Bibel, Altes und Neues Testament, Einheitsübersetzung",
Augsburg, 1987, Weltbild-Verlag, ISBN 9783629009999

Christa Keding-Pütz:
„Gesund durch analytische Kinesiologie. Der Muskeltest als Brücke zu ganzheitlicher Heilung",
Zürich, 2007, Oesch Verlag AG, ISBN 9783035050196

Max Fredom Long:
„Geheimes Wissen hinter Wundern. Die Entdeckung der HUNA-Lehre",
2006, Schirner, ISBN 3-89767-487- 4

Otha Wingo:
„Das Huna Arbeitsbuch, Psychologische und praktische Anwendung des Huna-Wissens",
München, 1994, Knaur, ISBN 3-426-86062-7

Carlos Castaneda:
„Die Reise nach Ixtlan",
Frankfurt am Main, 2001, Fischer, ISBN 3-596-21809-8

Roberto Assagioli:
„Die Schulung des Willens. Methoden der Psychotherapie und der Selbsttherapie",
Paderborn, 1982, Junfermann, ISBN 3-87387-202-1

Impressum

Ansprechpartner und Autor
Dorothea Westhofen-Kunz
Püttlingen, Deutschland
dorotheawk@sterne-des-himmels.de
www.sterne-des-himmels.de

Impulse
Dr. Heike Winschiers-Theophilus
Windhuk, Namibia
heikewt@sterne-des-himmels.de

Lektorat
Roland Kunz
Püttlingen, Deutschland
rolandk@sterne-des-himmels.de

Angelica Bergmann
Windhuk, Namibia
angelicab@sterne-des-himmels.de

Umschlag, Grafik und Logo
Romeo Sinkala
Windhuk, Namibia
romeos@sterne-des-himmels.de

Layout und Satz
Claudia Habenicht
Somerset West, Südafrika
claudiah@sterne-des-himmels.de

Herstellung und Verlag
Books on Demand GmbH
Norderstedt, Deutschland

Ich bin
das Alpha und das Omega,

spricht Gott, der Herr,
der ist und der war
und der kommt,

der Herrscher
über die ganze Schöpfung.

(Offenbarung des Johannes, 1, 8)